BEI GRIN MACHT SICH IHR WISSEN BEZAHLT

- Wir veröffentlichen Ihre Hausarbeit, Bachelor- und Masterarbeit

- Ihr eigenes eBook und Buch - weltweit in allen wichtigen Shops

- Verdienen Sie an jedem Verkauf

Jetzt bei www.GRIN.com hochladen und kostenlos publizieren

Bibliografische Information der Deutschen Nationalbibliothek:

Die Deutsche Bibliothek verzeichnet diese Publikation in der Deutschen Nationalbibliografie; detaillierte bibliografische Daten sind im Internet über http://dnb.d-nb.de/ abrufbar.

Dieses Werk sowie alle darin enthaltenen einzelnen Beiträge und Abbildungen sind urheberrechtlich geschützt. Jede Verwertung, die nicht ausdrücklich vom Urheberrechtsschutz zugelassen ist, bedarf der vorherigen Zustimmung des Verlages. Das gilt insbesondere für Vervielfältigungen, Bearbeitungen, Übersetzungen, Mikroverfilmungen, Auswertungen durch Datenbanken und für die Einspeicherung und Verarbeitung in elektronische Systeme. Alle Rechte, auch die des auszugsweisen Nachdrucks, der fotomechanischen Wiedergabe (einschließlich Mikrokopie) sowie der Auswertung durch Datenbanken oder ähnliche Einrichtungen, vorbehalten.

Impressum:

Copyright © 2018 GRIN Verlag
Druck und Bindung: Books on Demand GmbH, Norderstedt Germany
ISBN: 9783668778030

Dieses Buch bei GRIN:

https://www.grin.com/document/437151

Gordon Jung

Ergebnisprotokoll zu Thomas Morus "Utopia. Erstes Buch"

GRIN Verlag

GRIN - Your knowledge has value

Der GRIN Verlag publiziert seit 1998 wissenschaftliche Arbeiten von Studenten, Hochschullehrern und anderen Akademikern als eBook und gedrucktes Buch. Die Verlagswebsite www.grin.com ist die ideale Plattform zur Veröffentlichung von Hausarbeiten, Abschlussarbeiten, wissenschaftlichen Aufsätzen, Dissertationen und Fachbüchern.

Besuchen Sie uns im Internet:

http://www.grin.com/

http://www.facebook.com/grincom

http://www.twitter.com/grin_com

Universität Mannheim
Philosophische Fakultät
Ethisch-Philosophisches Grundlagenstudium

FSS 2018

EPG 2: Utopien/ Dystopien

Ergebnisprotokoll:

Thomas Morus *Utopia* –
Erstes Buch

Gordon Jung
GymPO: Deutsch (9. FS) / Philosophie (9. FS)

Inhaltsverzeichnis

I. Einleitung 3

II. „Kritik an der Alten Welt" 4

    i. Kritik am Strafrecht 7

    ii. Kritik an der Praxis des Krieges 8

    iii. Kritik an falschen Bedürfnissen 9

III. Ausblick zur Neuen Welt 11

IV. Literaturverzeichnis 13

V. Bibliographischer Apparat 14

I. Einleitung

Der britische Gelehrte und Politiker Thomas Morus (1478-1535) galt Zeit seines Lebens als enger Freund und Bruder im renaissance-humanistischen Geiste von Desiderius Erasmus von Rotterdam (1466-1536). Bis heute jedoch gilt er mit seinem lateinisch verfassten Werk *De optimo rei publicae statu deque nova insula Utopia (Vom besten Zustand des Staates und von der neuen Insel Utopia)* (1516) als Pionier des prosaischen Genres utopischer Romane.[1] Er reit sich neben *Civitas solis (Der Sonnenstaat)* (1602) vom Dominikanermönch Tommaso Campanella (1568-1639) sowie Francis Bacons (1561-1626) fragmentarischen Werk *Nova Atlantis (Neu-Atlantis)* (1627) in die Trias der frühneuzeitlichen, barocken Utopien ein.[2] Etymologisch betrachtet beschreibt der Terminus *Utopie* ein positives Gegenbild zum synchronen Ist-Zustand der Realität, da er ein Kompositum aus dem altgriechischen „*ou"(nicht)* und *tópos (Ort)* darstellt. Als nicht existenter Raum wird dieser zum Ideal stilisiert – auch als *Eutopie* bezeichnet –, welches per definitionem einen nie endenden, asymptotischen Annäherungsprozess darstellt, dessen Zustand niemals erreicht werden kann. Als negatives Pendant hierzu fungiert das Antonym der *Dystopie*, welches seinerseits von *dys- (schlecht)* sowie *tópos (Ort)* abgeleitet wird.

Bis heute haben sich verschiedenste Arten jener Textgattung ausgebildet und lassen sich auf spezifische Ebenen, wie Politik, Gesellschaft, Religion, Wissenschaft oder Technik beziehen. Mores' *Utopia* ihrerseits wird als Sozialutopie gefasst, weshalb Morus auch als einer der Lieblingsutopisten der Sozialisten des 19./20. Jahrhunderts gilt und „[…] nach Karl Kautsky […] der ‚Vater des utopischen Sozialismus' [ist]."[3]

Der zugrundeliegende, historische Kontext des „[…] wahrhaft goldene[n] Büchlein[s]"[4] ist das England und auch Frankreich des 16 Jahrhunderts, wobei sich allerhand autobiographische Querverweise, wie sie Thomas Schölderle in seinem Sammelband *Geschichte der Utopien – Eine Einführung*[5] ausarbeitet, bei genauer Lektüre identifizieren lassen. So war beispielsweise Morus selbst Lordkanzler unter König Heinrich VIII[6] und hatte somit mannigfache Einblicke in die Machtausübung und Herrschaft der britischen Obrigkeit.

---

[1] Vgl. Höffe, Ottfried. (2016). *Politische Utopien der Neuzeit: Thomas Morus, Tommaso Campanella, Francis Bacon* (Klassiker auslegen; Band 61). Berlin; Boston. S. 5.
[2] Vgl. Tilmann, Walter. (2000). *Utopien der Vergangenheit: Visionen einer besseren Zukunft?* Vortrag, gehalten am 1. Juni 2000 im Rahmen der Tagung „Forderung nach der konkreten Utopie", 31. Mai – 4. Juni in Singen. URL: https://d-nb.info/1080205292/34 zuletzt aufgerufen: 21.06.2018 11:41:31. S. 7.
[3] Höffe, (2016). S. 5. Und siehe: Schölderle, Thomas. (2012). *Geschichte der Utopie - Eine Einführung* (1. Aufl. ed., Utb-studi-e-book). Stuttgart: UTB GmbH. S. 23.
[4] Morus, Thomas. (2012). *Utopia*. Übersetzt von Gerhard Ritter. Reclam, Stuttgart. S. 7.
[5] Siehe: Schölderle, (2012). S. 19-49. Besonders das Kapitel *1. Das Rätsel: Leben und Werk*.
[6] Ebd., S. 14.

Auf eben jene bezieht sich seine auf Expertise gestützte Sozialkritik[7], welche sich im ersten Buch seiner Staatsutopie manifestiert und Gegenstand dieser Arbeit ist. Allein die textgenetische Eigenheit, dass Morus dieses Buch erst ein Jahr nach der Publikation 1516 verfasst hat, misst ihm eine brisante Gewichtung bei und bereitet zugleich die Bühne für die Ausgestaltung einer in platonischer Manier konstruierten Staats- und Gesellschaftsordnung vor.[8] Im Folgenden werden zunächst die Grundzüge der Formalia und des Inhalts des ersten Buches untersucht, woraufhin drei zentrale, textimmanente Kritikpunkte explizit gemacht werden, um abschließend in einem Resümee und möglichen Ausblick zum zweiten Buch der *Utopia* zu münden.

II. „Kritik an der Alten Welt"[9]

Die Gesamtkomposition des Romans gestaltet sich wie folgt: nach einer kurzen, programmatischen Vorrede[10] als eine Art Prologus ante rem beginnt das erste Buch[11], welches die Kritik an den zeitgenössischen, gesellschaftlichen Strukturen und Verhältnissen darstellt und dem Rezipienten seiner Zeit den kritischer Spiegel auf humanistische, teils satirische Art vorhält, indem er eine „[…] kaum pessimistische, eher schonungslos realistische Zeitdiagnose […]"[12] aufstellt. Mit einer Fülle von etwa einem Drittel des Gesamtumfangs versucht Morus bereits zu zeigen, dass die im zweiten Buch[13] folgende Utopie als eine Abgrenzung zum Bestehenden verstanden werden soll.

Formal wird für das prosaisch geschulte Auge schnell deutlich, dass Morus sich eines probaten Mittels philosophischer Tradition bedient, indem er die Rahmenhandlung und somit auch das erste Buch in offener Dialogform zwischen den drei Figuren des literarischen Thomas Morus, des „vortreffliche[n] Mensch[en]"[14] Peter Aegidius sowie des „eitle[n] Schwätzer[s]"[15] Raphael Hythlodeus konzipiert. Nebst David Humes (1711-1776) *Dialoge*

---

[7] Siehe: Schölderle, (2012). S. 19-23 und Höffe, (2016). S. 3-8.
[8] Siehe: Schölderle (2012): S. 25: „Mit dem Vorziehen des später geschriebenen ersten Teils entsteht der Eindruck, und diese Wirkung ist zweifellos gewollt, dass der Anlass zur spielerischen Reflexion über das fiktive Gemeinwesen die kritische Betrachtung der europäischen Zustände gewesen sei. Die Konstellation aus beiden Büchern erfüllt damit zwei Funktionen: Sie ist einerseits Darstellung dessen, was ist, aber nicht sein sollte; andererseits ist sie auch der phantasievolle Entwurf einer anderen Welt, die als Denkanstoß und kritisches Korrektiv zugleich fungiert."
[9] Höffe (2016), S. 5. Ottfried Höffe tituliert hierbei das erste Buch als „Kritik an der alten Welt", was mich dazu veranlasst hat, diesen Titel für den kritischen Hauptteil meiner Arbeit zu übernehmen.
[10] Morus, (2012). S. 10-13. Und siehe: Höffe, (2016). S. 4 und S. 23-26.
[11] Ebd., S. 15-57.
[12] Höffe, (2016). S. 6.
[13] Morus, (2012). S. 58-148.
[14] Ebd., S. 16.
[15] Höffe, (2016). S. 6.

über natürliche Religion (1779) ist es vor allem die antike, platonische Manier, die er hier nachahmt.[16] Dies wird auch daran deutlich, dass alle der genannten frühneuzeitlichen Utopisten eine gewissen Grundorientierung an Platons Staatsschrift der *Politeia* und allen voran an den Meisterdialogen der *Nomoi, Timaios, Kritias* und *Politikos* aufweisen. So konstatiert Ottfried Höffe, dass „[...] Morus' Vorbild [...] Platons *Politeia* [...]"[17] sei. Dies wird außerdem deutlich, wenn man sich die Dialektik betrachtet, die im Verlauf des ersten Buches entsteht und stellenweise stark an sokratische Mäeutik erinnert, wenn Raphael via kritischer Nachfragen als figurative Hebamme der Erkenntnis auftritt.

Doch auch Campanella und Bacon verweisen bereits mit den großen Titeln ihrer Utopien auf das griechische Ideal von Platons Staats- und Gesellschaftsauffassung. So lässt *Der Sonnenstaat* eine Hommage an das zentrale Sonnen- und Höhlengleichnis vermuten und *Neu-Atlantis* wie eine literarische Neuauflage vom originalen Atlantis erscheinen. Allen gemein ist dieser idealisierende Bezug zur Antike vor allem hinsichtlich des sittlichen Miteinanders, was wiederum bei Morus' seinen Ausdruck findet, indem im Zentrum des Interesses die ethischen sowie sozialphilosophischen Aspekte stehen.

Zur formalen Eigenart zählt außerdem, dass der Autor mit dem Auftritt dreier verschiedener Figuren als federführender Erzähler in den Hintergrund treten und somit seinen eigenen Kopf aus der Schlinge der Verantwortung ziehen kann. Dieser ebenfalls traditionelle Schachzug ermöglicht es Morus, die Last, welche aus der radikalen Kritik an der Realgesellschaft und -regierung resultiert, auf verschiedene – allen voran Raphaels – Schultern zu verteilen. Hiermit lässt sich der Wahrheitsgehalt der Schrift relativieren, da es als rein fiktiv dargestellt und durch die Figur des Hythlodeus berichtend als Seemannsgarn persifliert werden kann.[18] Es bleibt demnach interpretativ offen, ob Morus realiter an den skeptischen Inhalt seiner Utopie glaubt oder ob er dem Leser lediglich einen Floh ins Ohr setzen möchte. Ihm gelingt es jedoch eindrucksvoll, einen literarischen Schwebezustand zu konstruieren, in welchem der Rezipient nicht mit genauer Sicherheit davon ausgehen kann, dass das Geschilderte wahrheitsgemäß oder doch nur rein fiktiv ist. Hierzu argumentiert Thomas Schölderle: „[Der] Kern des Streits ist dabei fast immer die Frage, wie ernst, im Sinne eines persönlichen Ideals, der Entwurf des utopischen Staatsmodells gemeint war."[19]

---

[16] Höffe, (2016). S. 5.
[17] Ebd., S. 7.
[18] Ebd., S. 6.
[19] Schölderle, (2012). S. 19.

Der „Entwurf der Neuen Welt"[20] des zweiten Buchs stellt schließlich die eigentliche Utopie und Haupthandlung in Form eines Reiseberichts des Seefahrers dar, wobei „[n]icht die Handlung, sondern die im Gespräch behandelte Gedankenwelt [...] die Schrift [bestimmt]."[21] Die bereits mehrfach angedeutete inhaltliche Gestaltung kennzeichnet neben den verschiedenen Kritikpunkten vor allem die übergreifende und zentrale Kernfrage der philosophischen Fürstenberatung à la Platons Ideal der Philosophenkönige, um Gerechtigkeit im Staat herzustellen.[22] Raphael, der als weiser Pionier auftritt, erwidert dies mit dem „[...] Argument gegen eine mögliche Beraterfunktion, weil er in den höfischen Kreisen entweder selbst korrumpiert oder rasch vertrieben würde."[23] In gesteigerter Form erscheint hierzu die schier resignative Figurenrede, wenn er resümiert: „An Fürstenhöfen ist kein Platz für Philosophie!"[24]

Doch auch die Frage, warum es eine so hohe Dichte an Kriminalität und vor allem Diebstählen gibt, ebnet den Weg der kritischen Reflexion des absolutistischen Staatssystems von Buch eins. Die „[...] zunehmenden Kriminalität"[25], Emigration sowie der aufkeimende Pauperismus seien nach Raphael die logisch, gesellschaftlichen Konsequenzen schlechter bis fehlender Sozialleistungen und -politik, wenn er als rhetorische Frage postuliert: „[...] was bleibt ihnen [verarmten Familien] schließlich anderes übrig, als zu stehlen und sich hängen zu lassen [...]?"[26] Hieraus wird es augenscheinlich, dass die Ursache der sozialen Misere in der Führungsriege der Monarchie und des Absolutismus gesehen wird.

Das im zweiten Buch zeitlich im Jetzt angesiedelte, jedoch räumlich isolierte und abgelegene Gebiet der Insel *Utopia* steht schließlich kontrastiv diesen Missständen als Alternative eines wohlgeformten Staates gegenüber und „[...] [be]handelt [...] fünf Lebensbereiche: [...] die Verfassung, die Ordnung der Gesellschaft, die Gewohnheiten und Sitten, die Außenpolitik und die Religion."[27] Um diese Dichotomie in Gänze fassen zu können, nimmt Morus zunächst eine immanente Analyse von Bereichen eines schlecht geführten Staates vor, woraus nun exemplarisch drei Aspekte ausführlich seziert werden.

---

[20] Höffe, (2016). S. 5.
[21] Schölderle, (2012). S. 24.
[22] Siehe: Morus, (2012). S. 20-24 und S. 41-47. Und: Höffe, (2016). S. 48-51 und Schölderle, (2012). S. 24.
[23] Morus, (2012). S. 27.
[24] Ebd., S. 49.
[25] Höffe, (2016). S. 5.
[26] Morus, (2012). S. 28. Und siehe S. 30f.: „„[...] die [fehlende Sozialpolitik], die Not zu Dieben gemacht hat [...]".
[27] Höffe, (2016). S. 5.

i. Kritik am Strafrecht[28]

Im Zentrum dieses Kritikpunkts steht die Todesstrafe als judikatives Sanktionsmittel sowie Ausdruck eines „[...] drakonischen Strafrecht[s] [...]."[29] Verurteilt wird hierbei seitens Hythlodeus die Pauschalisierung der Strafe und er stützt dies mit zwei zentralen Argumenten. Zum einen bringt der redegewandte Seefahrer das Argument der fehlenden Relation vor, wonach etwa ein potentieller Dieb keinen hinreichenden Grund besitzt, warum dieser nicht gleich töten sollte: „[...] wird er schon durch diese Überlegung zum Mord eines Menschen veranlaßt, den er andernfalls nur beraubt hätte; [...]."[30] Zum anderen erhöhe sich die Wahrscheinlichkeit, nicht gefasst zu werden, wenn jener Kriminelle sein Opfer als potentiellen Zeugen liquidiert. Diese beiden Argumente bilden eine Art Prämisse für Raphaels kritisch-rationale Konklusion: „Indem wir also die Diebe durch übertriebene Strenge einschüchtern suchen, stacheln wir sie gerade an, sich am Leben braver Menschen zu vergreifen."[31] Des Weiteren wehrt er sich vehement gegen die Auffassung, die Diebe würden eben solche drakonischen Strafen bis hin zum Galgen verdienen: „Das Todesurteil, so Raphael, sei weder gerecht, noch sei es im Interesse des Staates."[32] Hiermit verlagert er den Diskurs vom bloßen Rahmen der Judikative hinein in den Bereich des Normativen und thematisiert zugleich die Gerechtigkeit bzw. Ungerechtigkeit der Todesstrafe. Diese wird mit dem Verweis auf das religiös-christliche, moralische Verbot der zehn Gebote Gottes: „Du sollst nicht töten!"[33], kategorisch abgelehnt.

Dies bildet schließlich die Basis für die konkrete normative Forderung, dass die lenkenden Obrigkeiten humaner handeln und sich hinsichtlich des Strafrechts und in einem globaleren Sinne ein Beispiel an den persischen Polyleriten und derer „[...] überaus vernünftigen Staatsverfassung [...]"[34] nehmen sollen. Anstelle der Todesstrafe für niedrigere Vergehen, wie Diebstahl, soll demnach eine gleichwertige Schadensersatzleistung an den Geschädigten zuzüglich Zwangsarbeit zu erbringen sein. Die Erträge jener Arbeitsform kommt dem Fiskus zugunsten oder kann auf Mietbasis als Lohnarbeit für Privatunternehmen entrichtet werden. Jene Straftäter werden als Sklaven stigmatisiert, indem man sie durch eine bestimmte Kleidungsfarbe und das Stutzen der Ohrmuscheln kenntlich macht.[35]

---

[28] Siehe: Morus, (2012). S. 24f. und S. 31-38.
[29] Höffe, (2016). S. 5.
[30] Morus, (2012). S. 33.
[31] Ebd.
[32] Schölderle, (2012). S. 26.
[33] Morus, (2012). S. 32.
[34] Ebd., S. 34.
[35] Vgl. Morus, (2012). S. 34f.

Dass dieses Plädoyer gegen die Todesstrafe bereits bei dem Fluchtversuch eines solchen Arbeitssklaven ausgesetzt wird, erscheint hierbei inkonsistent, stützt Morus doch seine These – wie gezeigt – auf das Gebot Gottes. Jedoch seien positive Konsequenzen, dass jene Straftäter somit gezwungen seien, sich zu resozialisieren und sich und die Gemeinschaft somit vor einem möglichen Rückfall präventiv schützen. Zudem fungiere die Aussicht auf Freiheit als positive Verstärkung im verhaltenspsychologischen Sinn.[36]

Dass Morus später (1535) selbst wegen des verweigerten Eides auf die Kirche zum Tode verurteilt wird, verleiht dieser Kritik nicht nur eine realitätsbezogene Relevanz, sondern auch einen gewissen tragischen Galgenhumor.

ii. Kritik an der Praxis des Krieges[37]

Gegen Ende des ersten Buches stehen die außerpolitischen Praktiken – insbesondere die Rolle der expansionsfördernden Kriegsführung – in der Kritik.
Allen voran die Funktion des Krieges, die Landesgrenzen zu erweitern und somit dem habgierigen Herrschafts- und Machtanspruch des Monarchen Ausdruck zu verleihen, wird von Hythlodeus verunglimpft, wenn er den Machtinhabern nachsagt, dass „[…] ihr Sinn […] vielmehr danach steht, durch Recht oder Unrecht sich neue Reiche zu erwerben, als das Erworbene gut zu verwalten."[38] Darüber hinaus wird die Amoralität der Praxis eines mit Söldnerheeren geführten Krieges angeprangert und konstatiert, dass „[…] die Moral im Krieg verdarb […]".[39] Ungewiss erscheint vor diesem Hintergrund die Beurteilung der Tatsachen, dass die als Vorbild fungierenden Utopier eben jene Form des Krieges mit Söldnern handhaben sowie eine bei Überbevölkerung stattfindenden Kolonialisierung mit einhergehender Vertreibung von Ureinwohnern billigen. Zwar stützt Morus diese Praxis mit dem Argument, dass dies nur geschehe, wenn nach Ermessen der Utopier das zu besiedelnde Land nicht „richtig" genutzt wird, dennoch wirft diese unsaubere Konstellation Fragen auf.[40]
Neben der potentiellen Erfolglosigkeit eines Krieges wird die Strategie der stehenden Heere von England, Frankreich, Rom, Karthago, Syrien etc. und die daraus resultierenden, „[…] enorme[n] Steuerlast[n], die wiederum die Bevölkerung in Armut stürz[en] und sowohl wachsende Kriminalität als auch Hunger und Elend zur Folge haben;"[41] in Aussicht gestellt.

---

[36] Vgl. Ebd., S. 36f.
[37] Siehe: Morus, (2012). S. 43-50.
[38] Ebd., S. 22.
[39] Ebd., S. 44.
[40] Siehe: Ebd., S. 73-78.
[41] Ebd., S. 44. Und siehe: Höffe, (2016). S. 5f.

Dass dies zumeist ein Produkt der Kriegslust der Herrschenden ist und die Zerstörung der Regime und der eigenen Infrastruktur zur Folgen haben kann, wird mit folgendem skeptischen Epitheton versehen: „Wie unnötig aber ist dies alles!"[42] Deshalb spricht Raphael wiederholt als die Stimme der weitsichtigen Vernunft die dringende Forderung aus, Krieg lediglich als Ultima Ratio und nicht als Instrument der Willkür und Eroberung zu gebrauchen.

iii. Kritik an falschen Bedürfnissen[43]

Den dritten und letzten Bereich der Sozialkritik der gegenwärtigen Gesellschaft des 16. Jahrhunderts bildet eine Antiluxusrede. Diese kann als Tadel an falschem Luxus, falschen Bedürfnissen und sogar im fernsten Sinne am einstigen, europäischen Handelskapitalismus verstanden werden.[44] Ursache allen sozialen und auch moralischen Übels verkörpere demnach der Privatbesitz, welcher nicht nur äußerst inkompatibel mit gerechter und glücklicher Politik sei, sondern auch ex negativo zeige: „[…] daß nur ein einziger Weg zum Wohle des Staates führe: die Verkündigung der Gleichheit des Besitzes, die doch wohl niemals durchgeführt werden kann, wo die einzelnen noch Privateigentum besitzen."[45]
Inwiefern die Errichtung einer egalitären Gütergemeinschaft sowie „richtige" Bedürfnisse einen vernünftigen und geordneten Staat ermöglichen, demonstriert Morus hierbei an diversen Negativbeispielen.
Anhand des „[…] prahlerische[n] Aufwand[s] an Kleidung […] und teurer Mode als Art leere Luxusgüter[46] der Aristokratie statuiert er eines dieser Exempel und zeigt mittels des Kontrasts auf *Utopia* auf, dass die Funktionalität primär im Vordergrund stehen sollte. Diese Negativierung oder Abwertung von Luxus wird im zweiten Buch anhand eines pointierten Paradigmenwechsels weiter ausgeführt, sodass exemplarisch Gold, Schmuck oder feine Kleidung diffamiert werden, indem sie als Zeichen von Überfluss und folglich Wertlosigkeit unter den Utopiern angesehen werden. Hierzu äußert sich Walter Tilmann wie folgt: „Die Grundlage des Glücks der Utopier, die nur wenige Stunden am Tage arbeiten müssen, ist erneut eine gewisse Bedürfnisverleugung [sic!]. Sicherlich in humanistischer Anlehnung an

---

[42] Morus, (2012). S. 25.
[43] Siehe: Morus, (2012). S. 51-57.
[44] Vgl. Höffe, (2016). S. 7f.
[45] Morus, (2012). S. 57f. und siehe: S. 53.
[46] Vgl. Ebd., S. 30.

antike Vorbilder gilt das Ideal der Mäßigung der Bedürfnisse und Leidenschaften für die Bewohner von Utopia."[47]

Als weiteren Ausdruck von „[…] übertriebene[r] Üppigkeit an Lebenshaltung"[48] und leerer Dekadenz werden „[…] alle die liederlichen Spiele"[49] – u.a. das Kegel- und Würfelspiel – der Fürsten ins Feld geführt. Zum Vergleich werden im zweiten Buch in *Utopia* zwei Spielformen (1. Schachähnliches Spiel und 2. Das Fingieren und Mimen von Tugend- oder Lasterhaftigkeit) präsentiert, die die geistigen Fähigkeiten, Rationalität und Tugendhaftigkeit der Utopisten spielerisch fördern.

Im Kontext des Bedürfniskatalogs wird angeführt, dass falsche Bedürfnisse zu Fehlinvestitionen von Kapital und schließlich dazu führen, dass Ressourcen in die falschen Kanäle gelenkt werden würden. Somit gelangt Morus zum Problembereich der schlecht geführten Ökonomie und kritisiert vor allem den konzentrierten Wohlstand, an welchem nicht die gesamte Gesellschaft partizipiere.[50] Den Nährboden hierfür und der einhergehenden ungerechten, sozialen Verhältnisse sieht er in der „[…] Habgier der Herren [und ihrer] unsinnige[n] Verschwendungssucht […]."[51] Konsequenter Weise forciert er im Sinne seiner Sozialkritik und in Anlehnung an Platon ein antikes und auch humanistisches Motiv, nämlich eben jener Verachtung gegenüber Gelderwerbs als Selbstzweck bis zur Abschaffung des Privateigentums.[52]

Eben jenes wird sowohl zwischen den Figuren Hythlodeus und Morus in dialektischer Argumentation diskutiert als auch in der utopischen Ausgestaltung nochmals thematisiert, indem eine interne Geldwirtschaft abgeschafft und eine kollektive Gütergemeinschaft errichtet wird. Die daraus resultierende, nicht am Wachstum orientierte Volkswirtschaft ist folglich keine dynamische, sondern eine relativ statische Subsistenzwirtschaft.

Es bleibt jedoch anzumerken, dass die menschliche Bedürfnisnatur und -breite wesentlich mannigfaltiger ist als sie Morus darstellt, wenn er diese als ein fest, statisches Konstrukt fasst. So fügt Tilmann in Bezug auf die konkrete Utopie treffend hinzu: „Hier werden die

---

[47] Tilmann, (2000). S. 7.
[48] Morus, (2012). S. 30.
[49] Ebd. Morus kritisiert hierbei das Prinzip des Egoismus und der Korruption innerhalb des Absolutismus. Dies wird an anderer Stelle (S. 22) deutlicher, wenn er schreibt: „,[…] es ist ja nur natürlich, daß jedem seine eigenen Einfälle am besten gefallen. So entzückt den Raben die eigene Brust, und dem Affen schmeichelt der Anblick seines Jungen."
[50] Vgl. Ebd., S. 53.
[51] Ebd., S. 29f.
[52] Vgl. Tilmann, (2000). S. 3 und S. 7. Und siehe: Morus, (2012). S. 51. und S. 55.

Bedürfnisse des einzelnen so vorgeformt oder genauer gesagt: umgeformt, daß spezielles und allgemeines Wohl in eins fallen."[53]

III. Ausblick zur Neuen Welt[54]

Als Resümee dieser Arbeit bleibt festzuhalten, dass das erste Buch der *Utopia* eine fundamentale Gesellschafts- und Staatskritik an der englischen Obrigkeit und im weiteren Sinne eine immanente Forderung nach platonischer Staatsutopie der *Politeia* ist, wonach Philosophen Könige werde sollen, um Gerechtigkeit im Staat herzustellen. Jene Idealisierung der griechischen Antike in Form der Stoa, Epikur und vor allem Platon – „[…] dieser tiefe Denker […]"[55] – steht in Kontrast zur Abwertung der römischen Antike.[56] Es konnte anhand der drei Kritikpunkte des restriktiven Strafrechts, der schädlichen Kriegspraxis sowie der falschen Bedürfnisse demonstriert werden, wovon genau sich Morus in seiner Staatsutopie versucht abzugrenzen.

Der Ausblick zur Neuen Welt des zweiten Buchs[57] knüpft nahtlos dort an und inkorporiert die konkrete Gestaltung allein durch die fast ausschließlich, monologische Figurenrede Raphael Hythlodeus von *Utopia* und deren Bewohnerinnen und Bewohner.[58] Konkrete Beispiele, wie die stoisch-epikureische Glückskonzeption[59], welche sich gegen Maßlosigkeit und für einen aus beschränkter Freude resultierenden Genuss plädiert, die Ablehnung einer Tugendethik im aristotelischen Sinne, die Frage nach einer rudimentären Form von Eugenik, der moralisch kontroverse Umgang mit Krieg mittels Söldnerheere, die kollektive Arbeitspflicht und -reglung sowie die statische Ökonomie von *Utopia*, die auf Morus Genügsamkeitsthese beruht, sind allesamt weitere Handlungsmotive.

Morus gelingt es – laut Schölderle – „[…] durch die Betrachtung der utopischen Welt die Defizite der Herkunftsgesellschaft umso deutlicher erkennbar zu machen"[60] und summa summarum eine vernünftige Gesellschaft zu schaffen, indem am sozialen Rädchen gedreht wird, da sich das soziale Gefüge eines Staates steuern lässt. Die Frage nach dem konkreten *Wie?* scheint jedoch relativ offen zu bleiben, da sich – so Morus – ein korrumpiertes System nicht reformieren lässt.

---

[53] Tilmann, (2000). S. 3.
[54] Der Titel ist angelehnt an: Höffe (2016), S. 5. Im Original bezeichnet Höffe das zweite Buch von *Utopia* als „Entwurf einer Neuen Welt."
[55] Morus, (2012). S. 53.
[56] Vgl. Ebd. S. 17.
[57] Siehe: Ebd., S. 58-148.
[58] Vgl. Schölderle, (2012). S. 28 und S. 48.
[59] Siehe: Morus, (2012). S. 88ff.
[60] Schölderle, (2012). S. 25.

Die bereits eingangs erwähnten, weiteren frühneuzeitlichen Utopien und die dort beschriebenen Gesellschaftsstrukturen könnten zum Vergleich in einer weiteren Arbeit ausgearbeitet werden. So fällt etwa auf, dass der Dominikanermönch Campanella ein stärkeres Militär und eine orthodox christliche Religion in den Fokus stellt und das tägliche Arbeitspensum von Morus sechs Stunden auf vier reduziert.[61] Francis Bacon hingegen konstruiert mit seiner *Nova Atlantis* (1627) eine Technokratie, Wissenschaftsutopie und „[…] anti-aristotelischen ‚New Science' […]."[62] Das alles unterliegt seinem Kernmotiv: „Dies ist das Heilsversprechen der modernen Wissenschaften: Unbegrenzter Wohlstand werde aus Wissen und technischer Naturbeherrschung entstehen."[63] Des Weiteren konstatiert Immanuel Kant in seiner Friedenschrift *Zum ewigen Frieden* (1795), dass die Abschaffung der stehenden Heere ein enormer Fortschritt und Prämisse für die Errichtung eines globalen Friedens sei.

Eine weitere Forschungsfrage wäre etwa in Bezug auf das erste Buch – insbesondere im Kontext des Kriegs und des Kolonialismus[64] –, ob Morus hierbei als Vordenker des britischen Imperialismus auftritt, da seine Argumentation zur legitimen Aneignung stark an die Lockesche Eigentumslehre (Aneignung durch Arbeit) erinnert. Oder aber man könnte hinsichtlich einer textgenetischen Quellenarbeit und der Frage nach den zugrundeliegenden Quellen der *Utopia* in Anlehnung an Schölderles Zitat weiterarbeiten:

> Platons Politeia, die Gemeinschaft der Urchristen, Augustinus' Gottesstaat, die Ironie Lukians, die römischen Satiriker Horaz und Juvenal, das Klosterleben, die Gattung der Fürstenspiegel oder Amerigos Reiseberichte – all diese Einflüsse und Quellen lassen sich problemlos nachweisen und je nach Blickwinkel wird man somit auch stets sozialistische, idealstaatliche, reformerische, heidnische, machtpolitische, moderne oder mittelalterliche Elemente in der Utopia finden.[65]

So endet diese Arbeit aporetisch mit dem un-utopischen, realistisch wirkenden Zitat von Morus selbst zu seiner Utopie: „Freilich ist das mehr Wunsch als Hoffnung."[66]

---

[61] Vgl. Tilmann, (2000). S. 7.
[62] Ebd., S. 9.
[63] Ebd.
[64] Siehe: Morus, (2012). S. 73-79.
[65] Schölderle, (2012). S. 23.
[66] Morus, (2012). S. 148.

IV. Literaturverzeichnis

Primärliteratur

Morus, Thomas. (2012). *Utopia*. Übersetzt von Gerhard Ritter. Reclam, Stuttgart.

Sekundärliteratur

Höffe, Ottfried. (2016). *Politische Utopien der Neuzeit: Thomas Morus, Tommaso Campanella, Francis Bacon* (Klassiker auslegen; Band 61). Berlin; Boston.

Schölderle, Thomas. (2012). *Geschichte der Utopie – Eine Einführung* (1. Aufl. ed., Utb-studi-e-book). Stuttgart: UTB GmbH.

Tilmann, Walter. (2000). *Utopien der Vergangenheit: Visionen einer besseren Zukunft?* Vortrag, gehalten am 1. Juni 2000 im Rahmen der Tagung „Forderung nach der konkreten Utopie", 31. Mai – 4. Juni in Singen. URL: https://d-nb.info/1080205292/34 zuletzt aufgerufen: 21.06.2018 11:41:31.

V. Bibliographischer Apparat

Barnouw, Dagmar. (1985): *Die versuchte Realität oder von der Möglichkeit, glücklichere Welten zu Denken: Utopischer Diskurs von Thomas Morus zur feministischen Science Fiction*, Meitingen.

Baumann, Uwe / Heinrich, Hans P. (1986): *Thomas Morus: Humanistische Schriften*. Mit einer Einführung v. Hubertus Schulte Herbrüggen, Darmstadt.

Berghahn, Klaus L. / Seeber, Hans U. (Hg.). (1983): *Literarische Utopien von Morus bis zur Gegenwart*, Königstein/Ts.

Berglar, Peter. (1981): *Die Stunde des Thomas Morus. Einer gegen die Macht*, 3. Aufl., Olten / Freiburg.

Berneri, Marie L. (1950): *Reise durch Utopia. Reader der Utopien*, Berlin 1982 [zuerst engl. u. d. T. „Journey through Utopia",].

Brie, Friedrich. (1941): *Machtpolitik und Krieg in der Utopia des Th. Morus*, in: *Historisches Jahrbuch der Gorres-Gesellschaft 61*, S. 116 – 137.

Elias, Norbert. (1985): *Thomas Morus' Staatskritik*, in: Wilhelm Voskamp (Hg.), *Utopieforschung. Interdisziplinäre Studien zur neuzeitlichen Utopie*, Bd. 2, Frankfurt/M., S. 101 – 150.

Erzgräber, Willi. (1985 [zuerst 1980]): *Utopie und Anti-Utopie in der englischen Literatur. Morus, Morris, Wells, Huxley, Orwell*, 2. Aufl., München.

Gnüg, Hiltrud. (1999): *Utopie und utopischer Roman*, Stuttgart.

Morus, Thomas (1983): *Thomas Morus Werke*. Hg. v. Hubertus Schulte Herbrüggen, München (später Düsseldorf).

BEI GRIN MACHT SICH IHR WISSEN BEZAHLT

- Wir veröffentlichen Ihre Hausarbeit, Bachelor- und Masterarbeit

- Ihr eigenes eBook und Buch - weltweit in allen wichtigen Shops

- Verdienen Sie an jedem Verkauf

Jetzt bei www.GRIN.com hochladen und kostenlos publizieren